13 Avril 1888

P

Collection de feu M. ALBERTI

# TABLEAUX MODERNES

AQUARELLES

# OBJETS D'ART

et d'Ameublement

TAPISSERIES

37, Avenue Hoche, 37

PARIS

EXEMPLAIRE DE H. STETTINER

HOMO ADDITUS NATURÆ
IMPRIMERIE DE L'ART

CATALOGUE

DES

# TABLEAUX MODERNES

## AQUARELLES — DESSINS

PAR

**Dagnan, Duez, Fortuny, Gérôme, Meissonier, De Neuville, De Nittis, Roybet, Troyon, etc.**

Tabatières en or émaillé en plein — Très belle orfèvrerie de table
Bijoux des époques Louis XV et Louis XVI
Groupes en ancienne porcelaine de Saxe — Beaux émaux cloisonnés de la Chine
Vases et Jardinières en vieux Chine — Bronzes d'ameublement
Beaux Meubles et Sièges de style

**Belles Tentures et Tapisseries**

DONT LA VENTE AURA LIEU

***Par suite du décès de M. ALBERTI***

EN SON HOTEL

**37, AVENUE HOCHE, 37**

**Les Vendredi 13 et Samedi 14 Avril 1888**

*à 2 heures*

---

COMMISSAIRES-PRISEURS

| | |
|---|---|
| **Me PAUL CHEVALLIER** | **Me L. PECQUET** |
| 10, rue de la Grange-Batelière, 10 | 10, rue Choron, 10 |

EXPERTS

| | |
|---|---|
| **M. CHARLES MANNHEIM** | **M. E. FÉRAL** |
| 7, rue Saint-Georges, 7 | 54, Faubourg-Montmartre, 54 |

---

## EXPOSITIONS

| PARTICULIÈRE | PUBLIQUE |
|---|---|
| **Le Mercredi 11 Avril 1888** | **Le Jeudi 12 Avril 1888** |

DE 1 HEURE A 6 HEURES

## CONDITIONS DE LA VENTE

Elle sera faite *expressément* au comptant.

Les Acquéreurs paieront CINQ POUR CENT en sus des adjudications, applicables aux frais de la vente.

L'Exposition mettant les acquéreurs à même de se rendre compte de l'état et de la nature des objets, il ne sera admis aucune réclamation une fois l'adjudication prononcée.

Paris. — Imp. de l'Art, E. MÉNARD et Cie, 41, rue de la Victoire.

# TABLEAUX MODERNES

## DAGNAN

(P. A. J.)

**1 — Au Musée du Louvre.**

Une jeune fille, vêtue d'une robe rose, assise devant un chevalet, copie l'*Embarquement pour l'île de Cythère,* de Watteau.

**Bois. Haut., 34 cent.; larg., 29 cent.**

## GÉROME

(J. L.)

**2 — Intérieur persan.**

Deux personnages, vêtus de riches costumes, se chauffent auprès d'un poêle en forme de pyramide; un chat noir est auprès d'eux; les murs de la pièce sont garnis de carreaux de faïence, avec fleurs et ornements.

Signé sur un meuble, dans le fond, à droite.

**Toile. Haut., 72 cent.; larg., 58 cent.**

## MURATON

(Mme EUPHÉMIE)

600 3 — **Abricots, framboises et prunes violettes.**

Toile. Haut., 65 cent.; larg., 1 mètre.

## MURATON

(Mme EUPHÉMIE)

520 4 — **Pêches et raisins.**

Toile. Haut., 74 cent.; larg., 1 m. 1 cent.

## NITTIS

(DE)

1,800 5 — **La Promenade dans les blés.**

Ce sont deux jeunes filles, l'une tenant un parasol qui les abrite des vifs rayons du soleil, l'autre semblant effeuiller une marguerite.

Bois. Haut., 34 cent.; larg., 26 cent.

## PASINI

(A.)

6 — **Palais oriental.**

Des soldats persans, descendus de leurs chevaux, font halte à la porte. Un vieillard assis prépare leur repas. Vers la droite, deux domestiques prennent de l'eau dans une auge de pierre.

Signé et daté 1881.

Toile. Haut., 81 cent.; larg., 64 cent.

## ROYBET

(F.)

7 — **Soldat sous Louis XIII.**

Il est debout, coiffé d'un chapeau à larges bords, collerette plissée, la main droite sur la hanche, l'autre tenant la poignée de son épée.

Signé à gauche.

Bois. Haut., 40 cent.; larg., 29 cent.

## TROYON

(C.)

8 — **Berger gardant ses moutons.**

Le troupeau est en train de paître au milieu d'une plaine immense et sous un ciel gris et lumineux. Appuyé sur son bâton, le berger s'enveloppe dans son manteau.

Daté 1857.

Collection Laurent-Richard, 1878

Gravé par Lemaire.

Haut., 37 cent.; larg., 57 cent.

## ZIEM

9 — **Vue de Constantinople.**

Au premier plan, des seigneurs dans un canot conduit par des nègres, se dirigeant vers un navire qui a hissé toutes ses voiles.

Signé à gauche.

Toile. Haut., 67 cent.; larg., 1 m. 10 cent.

# AQUARELLES ET DESSINS

## BRINDESI

10 — **Un Bazar oriental.**

**Femmes arabes promenées dans un char.**

Aquarelles gouachées.
Signees et datées 1875.
Deux pendants.

Haut., 36 cent.; larg., 49 cent.

## DUEZ

(ERN. ANGE)

11 — **Sur la plage.**

Aquarelle signée à droite.

Haut., 32 cent.; larg., 21 cent.

## DUEZ

(ERN. ANGE)

12 — **Rêverie.**

Aquarelle signée à droite.

Haut., 20 cent.; larg., 26 cent.

## FIEDLER

13 — **Un Marché au Caire.**

14 — **Une Rue du Caire.**

Aquarelles signées et datées 1866.
Deux pendants.

Haut., 34 cent.; larg., 26 cent.

## FORTUNY

15 — **Un Toréador.**

Assis sur une chaise, les jambes croisées, habit brodé et manteau de satin rose.

Aquarelle signée et datée 1869.

Haut., 24 cent.; larg., 17 cent.

## MEISSONIER

(ERNEST)

16 — **Cavalier en vedette.**

C'est un hussard du premier Empire, les cheveux nattés, coiffé d'un talpach, veste jaune à brandebourgs, culotte bleue; il tient sa carabine.

Aquarelle signée à droite et datée 1865.

Haut., 27 cent.; larg., 20 cent.

## NEUVILLE

(A. DE)

17 — **La Cantine de campagne du 9e bataillon de chasseurs à pied.**

Dessin. Plume et encre de Chine.
Signé et daté 1880.

Haut., 35 cent.; larg., 25 cent.

## NEUVILLE

(A. DE)

18 — Vingt dessins, pour illustrer *les Misérables* de Victor Hugo.

A la mine de plomb, sur papier préparé, rehaussés de blanc à la gouache.

Le premier de ces dessins, représentant Fantine, a été terminé à l'aquarelle.

Leurs dimensions varient entre 10 et 15 centimètres, hauteur ou largeur.

# DÉSIGNATION DES OBJETS

## TABATIÈRES — BIJOUX

19 — Grande et belle boîte ovale en or émaillé en plein, décorée de six sujets militaires encadrés d'ornements rocaille et de fleurs finement ciselés. Époque Louis XV.

20 — Autre jolie boîte oblongue en or émaillé en plein, du temps de Louis XVI, décorée de six médaillons d'oiseaux et de feuillages se détachant en émaux de couleur sur fond d'or gravé à vannerie. Chacun des panneaux de la boîte est bordé d'un feston de feuillages émaillés vert.

21 — Boîte en forme de musette en prime d'améthyste blanche, terminée par une tête de bouc, dont les cornes sont enrichies de diamants. Époque Louis XV.

22 — Petite boîte ovale du temps de Louis XVI, en or gravé à pilastres, trophées et ornements. Elle présente sur le dessus un médaillon émaillé en plein, décoré d'un sujet champêtre, dans le goût de Boucher.

23 — Drageoir de forme contournée, en or finement gravé. Le dessus est décoré d'une peinture sur émail qui repré-

sente une coupe fleurie et des ornements en couleur sur fond blanc. Époque Louis XIV.

24 — Petite boîte oblongue et profonde en cristal de roche, gravé à coquilles et ornements, montée à gorge à charnière en or. Époque Louis XV.

25 — Boîte oblongue en émail de Saxe, décorée de sujets mythologiques dans des paysages en couleurs sur fond blanc. La gorge, à charnière, est décorée d'ornements rocaille et de fleurs.

26 — Bijou Louis XV, composé de deux flacons séparés par une montre et reposant sur une base oblongue ouvrante. Le tout composé de plaques d'agate variées de formes et reliées entre elles à l'aide d'une monture en or repercé à fleurs et ornements rocaille.

27 — Coffret carré entièrement couvert de figures mythologiques et de feuillages en or repoussé et découpé à jour se détachant sur fond vert. Il renferme divers ustensiles de toilette et le bec est enrichi de pierres de couleur.

28 — Crochet et étui-nécessaire du temps de Louis XV, en agate et or repoussé, à ornements rocaille et fleurs. Deux cassolettes en or repoussé sont également appendues au crochet.

29 — Etui-nécessaire en or repoussé, décoré de figures, d'ornements rocaille et de fleurs en relief. Époque Louis XV.

30 — Carnet en or à ornements découpés, enrichi d'incrustations de burgau. Il porte l'inscription suivante : *Ce bonheur me suffit.*

31 — Pomme de canne du temps de Louis XV, en or repoussé, à figures, ornements rocaille et fleurs.

32 — Béquille de canne en ivoire simulant un char dans lequel sont couchés Vénus et l'Amour, et traîné par un dragon et des colombes. Époque Louis XIV.

33 — Flacon piriforme aplati en ancienne porcelaine de Saxe, à figures et ornements en relief décorés en couleurs. Il est monté en or.

34 — Étui à aiguilles de forme aplatie, en or, à médaillons d'émail bleu décorés d'attributs en or et couleurs et à filets émaillés bleu et blanc. Époque Louis XVI.

35 — Mosaïque de Rome, de forme rectangulaire ; elle représente la cascade de Tivoli.

36 — Autre mosaïque de Rome, de même forme, représentant un paysage italien.

## ORFÈVRERIE

37 — Magnifique pièce de surtout en argent ciselé, composée d'une coupe ovale décorée de godrons et de feuilles reposant sur un socle oblong, sur lequel reposent égale-

ment des figures de nymphes assises et des figures d'enfants, tenant des festons de laurier. La coupe est enrichie de têtes de bélier et de festons de laurier en ronde bosse.

38 — Deux grands et beaux candélabres à neuf branches porte-lumières à rinceaux, s'échappant d'un vase ovoïde, garni de guirlandes de laurier en relief et reposant sur un socle oblong, enrichi de figurines d'enfants reliées par des festons de fleurs. Le tout en argent ciselé. La lumière centrale peut être remplacée par une figurine d'amour debout, qui tient une guirlande de fleurs de ses deux mains.

39 — Deux bouts de table en argent ciselé, en forme de coupe oblongue, à anses têtes de bélier et sur pied formé de plateaux oblongs, sur lequel reposent des figures allégoriques, assises en ronde bosse, entre lesquelles est placé un vase ovoïde, auquel sont appendus des festons de feuilles de laurier. Ces coupes sont accompagnées d'intérieurs de cristal.

40 à 42 — Six pièces de surtout en argent ciselé, en forme de vase ovoïde, à gorge évasée garnie de têtes de bélier et de tiges à rinceaux. Elles reposent sur des pieds de biche et leur panse est enrichie de festons de feuilles de laurier. Elles sont accompagnées de plateaux de cristal.

43 à 45 — Six pièces de surtout en argent, analogues à celles qui précèdent, mais plus petites.

46 — Deux bouts de table et huit salières en argent, modèle

à trépied et têtes de bélier. Les bouts de table sont enrichis de figurines d'enfants debout.

47 — Vingt-six porte-fleurs à cornets de cristal, reposant sur des pieds à fond de glace, garnis de montures en argent ciselé, doré en partie.

48 — Deux grandes et très belles buires de style Louis XVI, entièrement couvertes de rinceaux fleuris, de festons de feuillages et d'ornements variés finement ciselés.

49 — Deux buires de style oriental, accompagnées de leurs plateaux ronds, à contours et à grille, en argent repoussé et ciselé à ornements dorés en partie.

50 — Soixante-six cuillères à potage en argent, de travail anglais, décorées de feuillages en relief.

51 — Soixante-douze fourchettes de même modèle.

52 — Vingt-quatre couverts à poisson, de même modèle.

53 — Vingt-quatre fourchettes à huîtres, aussi de même modèle.

54 — Vingt cuillères à moutarde et à œufs, même modèle.

55 — Deux truelles à poisson de même modèle.

56 — Deux louches de même modèle.

57 — Deux pinces à asperges de même modèle.

58 — Deux fourchettes à poisson.

59 — Quatre cuillères à sauce, grand modèle

60 — Huit cuillères à sauce, petit modèle.

61 — Soixante-douze couteaux de table à manches d'argent.

62 — Six services à découper à manches d'argent.

63 — Deux services à salade en vermeil et manches d'ivoire.

64 — Quarante-huit couverts à entremets, en argent.

65 — Trente cuillères à café en argent.

66 — Deux ciseaux à raisin en vermeil.

67 — Deux pinces à sucre en argent.

68 — Deux pelles à beurre en argent.

69 — Quarante-huit couteaux à dessert, à manches d'argent.

70 — Deux pinces à glace en argent.

71 — Deux pelles à miettes en argent.

---

## SERVICE EN VERMEIL

72 — Vingt-quatre couverts à dessert, de même modèle que le service de table, mais en vermeil.

73 — Vingt-quatre couteaux à dessert en vermeil.

74 — Vingt-quatre cuillères à glace en vermeil.

75 — Vingt-quatre cuillères à café et deux pinces à sucre en vermeil, ornées de figurines d'amours.

76 — Deux cuillères à compote et deux cuillères à sucre en vermeil.

77 — Douze grandes cuillères à fruits en vermeil.

78 — Deux cuillères à glace en vermeil.

## PORCELAINES

### DE SÈVRES, DE SAXE ET DE CHINE

79 — Écuelle ronde à deux anses, avec plateau et couvercle, en ancienne porcelaine de Sèvres, pâte tendre, à bandes vertes en spirale pointillées d'or, alternant avec des tiges feuillagées se détachant en carmin sur fond blanc.

80 — Quatre beaux groupes en ancienne porcelaine de Saxe

représentant les quatre parties du monde. L'Europe est figurée par une femme couronnée tenant le sceptre et la boule du monde, assise sur un cheval blanc qui se cabre ; l'Asie, par une femme assise sur un chameau couché ; l'Afrique, par une négresse assise sur un lion couché ; l'Amérique, par une femme sauvage assise sur un crocodile.

81 — Deux jolies statuettes en ancienne porcelaine de Saxe : Enfant chinois debout et dansant, la tête couverte d'une feuille de chou.

82 — Deux autres jolies statuettes en ancienne porcelaine de Saxe : Berger et bergère assis sur une terrasse composée d'ornements rocaille. Le premier a un chien près de lui et la seconde un mouton.

83 — Tasse à thé à une anse carrée avec soucoupe en ancienne porcelaine de Saxe décorée de paysages avec personnages.

84 — Quatre groupes en porcelaine moderne de Saxe, symbolisant la Vue, l'Odorat, l'Ouïe et le Goût, et composés chacun d'une figure de femme, d'un enfant, d'un animal et de plusieurs attributs.

85 — Grande jardinière ronde, évasée et à bord plat, munie de deux anses têtes chimériques, en ancienne porcelaine de Chine émaillée blanc et à décor d'oiseaux perchés sur des branches d'arbres en fleurs, en émaux de couleurs. Socle-support en bois noir sculpté.

86 — Grand vase, potiche allongée à col rétréci, en porce-

laine de Chine émaillée blanc, à décor de dragons et de fong-hoangs en bleu.

87 — Petite potiche ovoïde, couverte, à décor de dragons en rouge de cuivre et de nuages en bleu, sur fond blanc.

88 — Vase hexagone, à parois ajourées, émaillé blanc, à décor de figures, de plantes et d'insectes à l'encre de Chine.

89 — Deux jardinières en poterie de Satzuma, à décor de figures et de chrysanthèmes émaillés en couleur sur fond blanc. Socles en bois noir.

90 — Potiche à couvercle, en ancienne porcelaine du Japon, à décor d'arbres et de fleurs, en bleu, rouge et or.

91 — Deux vases cylindriques en porcelaine de Chine, décorés d'oiseaux et de fleurs émaillés en couleurs sur fond verdâtre. Socles en bois.

## PORCELAINES MONTÉES

92 — Deux lampes formées de vases d'ancienne porcelaine de Chine, décor à pivoines et lambrequins en émaux de couleur sur fond blanc ; monture en bronze ciselé et doré.

93 — Deux lampes, bouteilles en céladon craquelé avec monture en bronze de style chinois à patine enfumée.

94 — Deux lampes de Gagneau : vases-balustres à anses

figurées par des dragons, en céladon gris craquelé, avec montures en bronze ciselé et doré.

95 — Deux lampes : vases en porcelaine de Chine, médaillons à figures réservés sur fond vert, décoré de pivoines et de chrysanthèmes ; montures en bronze doré de style chinois.

96 — Jardinière en poterie du Japon, forme baril, émaillée bleu, à zone médiane ajourée et représentant des fleurs et des oiseaux. Socle en bronze de style analogue.

## SCULPTURE

97 — Marbre blanc. La Fillette à l'ombrelle, statue grandeur nature, par *E. del Panta,* Florence, 1882. Elle est placée sur une colonne en serpentine à plateau tournant.

## ÉMAUX CLOISONNÉS DE CHINE

98 — Grand et beau vase, forme balustre, en émail cloisonné de la Chine, à décor de nuées multicolores sur champ bleu lapis, avec appliques rapportées en cuivre repoussé et doré représentant des dragons. Socle en bois sculpté.

99 — Deux beaux brûle-parfums, formés d'éléphants, en émail cloisonné de la Chine, fond blanc, avec caparaçons et harnais en émaux de couleur. La selle et le vase, gourde à deux renflements, qui la surmonte, sont à fond

noir et à décor d'oiseaux et de rosaces polychromes. Ces pièces sont élevées sur socles en bois sculpté, garnis d'appliques et de galeries en émail cloisonné.

100-101 — Deux grandes théières cylindriques à anses formées de dauphins, en émail cloisonné de la Chine, à décor de fleurs arabesques en couleur sur fond bleu de ciel, et de petits compartiments ornés à fond blanc.

102 — Deux jolies bouteilles en émail cloisonné de la Chine, fond noir, à dragons, chrysanthèmes, rosaces et arabesques en couleur. Sur le col sont rapportés deux dragons de bronze doré figurant les anses.

103 — Deux girandoles, formées de deux grands et beaux vases-balustres, en émail cloisonné de la Chine, surmontés de bouquets à neuf branches en bronze doré. Ces vases sont décorés d'oiseaux, d'arbustes fleuris, de rinceaux et de feuillages en émaux de couleurs; la panse est à fond d'émail noir; le col et le pied, à fond blanc.

104 — Deux girandoles à bouquets s'échappant de beaux vases-balustres quadrilobés en émail cloisonné de la Chine, à décor de fleurs arabesques en émaux de couleurs sur champ jaune impérial.

105 — Grand et beau vase-balustre surbaissé, décoré de quatre zones d'ornements multicolores sur champ bleu de ciel, et enrichi de bossettes, d'arêtes dentelées et de têtes chimériques en cuivre rapporté et doré.

106-107 — Deux vasques profondes semi-ovoïdes, décorées

de poissons, de grenouilles et de crabes en émaux de couleur sur fond bleu simulant les flots.

108-109 — Deux vasques profondes décorées de quatre rosaces à ornements en relief ressortant sur un champ bleu clair où se jouent des animaux : tigres, écureuils, gazelles, des oiseaux, etc., parmi des arbustes et des plantes.

110 — Deux tabourets en forme de baril à pans, en émail cloisonné de la Chine, à décor de fleurs et de papillons sur fond bleu ; ils sont ornés de bossettes en cuivre doré.

111 — Brûle-parfums couvert et surbaissé, à anses surélevées, supporté par trois pieds, en émail cloisonné de la Chine, décoré de fleurs arabesques en émaux de couleurs sur fond jaune impérial. Le bouton du couvercle, orné d'un dragon, est en cuivre ciselé et doré.

112 — Deux grands vases ovoïdes et à cols évasés, en émail cloisonné, à décor de fong-hoangs en émaux de couleurs où domine le jaune, sur champ noir.

## BRONZE JAPONAIS

113 — Deux grandes lanternes japonaises en bronze, décorées de dragons en relief, d'ornements découpés et de pavillons garnis de clochettes.

## VITRAUX

**114** — Deux verrières offrant chacune un vitrail représentant des hommes d'armes en costumes du XVI^e siècle et des blasons. Entourage en verres de couleur maillés de plomb.

## BRONZES D'AMEUBLEMENT

**115** — Grande et belle garniture de cheminée de *Denière, à Paris*, en bronze ciselé, doré et patiné, de style Louis XVI. La pendule, en forme de sphère, à fond d'émail bleu semé d'étoiles, est supportée par une colonne cannelée en bronze doré, autour de laquelle dansent les trois Grâces; jolies statuettes à patine verte dans le goût de Clodion, sur bases à tore de laurier. Les candélabres sont à dix bras porte-lumières en bronze doré supportés par des bacchantes.

**116** — Deux candélabres à neuf lumières chaque, en bronze ciselé et doré de style Louis XIV ; les branches, garnies de pendeloques en cristal, s'échappent d'un vase à mascarons et médaillons, reposant sur une base triangulaire décorée de trois sphinx.

**117** — Chenets à vases enguirlandés de chêne, reliés par une galerie à feuillage et attributs de musique.

**118** — Suspension de salle à manger en bronze ciselé et doré, de style Louis XIV, avec lampe et couronne à vingt lumières.

119 — Quatre appliques à six lumières chaque, de style Louis XIV.

120 — Deux candélabres de style Louis XVI, à figures d'enfants, d'après Clodion, en bronze à patine brune, supportant chacun deux bras porte-lumières en bronze doré, et reposant sur des socles ronds en marbre griotte.

121 — Groupe en bronze à patine verte : Satyre et Bacchante, d'après Clodion, sur socle en marbre griotte.

## MEUBLES

122 — Joli secrétaire à pieds contournés de style Louis XV, en bois satiné garni de cuivres ciselés et dorés, chutes et moulures d'encadrement. L'abattant est orné d'une peinture au vernis genre Martin, représentant l'Enlèvement d'Europe, d'après Boucher ; au-dessous, sont disposées trois autres peintures : un médaillon, groupe d'amours, entre deux frises à paysage.

123 — Petite table-rognon de style Louis XVI, en acajou garni de cuivres ciselés et dorés, avec dessus en marbre brèche violette, bordé d'une galerie de cuivre.

124 — Table sur tréteaux en bois noir, à riche décor en mosaïque de nacre et d'écaille.

125 — Meuble à hauteur d'appui en palissandre, formant cabinet, à portes et tiroirs formés de panneaux en laque à figures, paysages et arbustes en fleurs sur fond blanc,

fond noir et fond aventuriné. Ce meuble est garni de poignées, d'entrées et d'écoinçons en cuivre gravé et doré.

126 — Grande glace à encadrement en bois sculpté et doré, de style italien, composé de figures d'amours en haut-relief se jouant parmi des rinceaux feuillagés.

127 — Table à ouvrage de forme contournée, style Louis XV, décorée au vernis genre Martin de scènes galantes dans le goût de Watteau, sur fond aventuriné.

128 — Table de milieu de forme Louis XV, à pieds et traverses sculptés et dorés.

129-130 — Deux consoles en bois sculpté et doré, style Louis XV, à ceinture contournée décorée d'une coquille et de feuillage et supportée par deux pieds reliés à leurs bases par une traverse à motif médian en éventail. Tablettes de marbre vert de mer.

131 — Console-desserte à étagères, en noyer sculpté à godrons et feuillages, de style Louis XIII.

132 — Grande pendule et sa console-applique, de style Louis XIV, plaquées d'écailles, incrustées de cuivre et richement garnies de bronzes ciselés et dorés, tels que mascarons, cariatides ailées, consoles, palmettes, etc. Le dôme de la pendule est couronné d'un vase brûle-parfums.

133 — Bibliothèque en noyer sculpté, de style Renaissance,

à trois portes vitrées — celle du milieu en ressaut — et séparées par des colonnes engagées.

134 — Toilette à portes et tiroirs en palissandre, dessus en marbre blanc et corps supérieur à glace et à étagères.

135 — Petit paravent à trois feuilles tendues de panneaux de velours à plusieurs tons, dit velours de Gênes, avec bandes d'encadrement en peluche grenat bordées de galons en passementerie.

136 — Petit paravent à trois feuilles, munies de glaces biseautées à leur partie supérieure, et tendues de bandes en velours et en peluche rouge avec galons de passementerie.

137 — Petite armoire-vitrine contournée, de style Louis XV, en noyer sculpté à rinceaux, fleurettes, rocailles et godrons, rehaussés d'or.

138 — Table basse et contournée, à tablette d'entrejambe, en noyer sculpté et rehaussé d'or, de style Louis XV.

139 — Table à jeu, de même style et d'une ornementation analogue.

140 — Chaise légère, de forme Louis XV, noyer sculpté, relevé de dorure ; couverte en velours de Gênes, à dessins en relief, sur fond vieil or.

141 — Deux grandes armoires en bois de chêne à colonnes

cannelées et engagées aux angles et larges bandeaux à leur partie supérieure, décoré de guirlandes de fleurs sculptées en relief. Chacune d'elles ferme à deux portes vitrées.

142 — Deux consoles-supports rectangulaires en bois noir sculpté, à décor de style chinois.

143 — Deux supports ronds en bois noir, de style chinois, avec dessus et entrejambe en marbre griotte.

## SIÈGES

144 — Ameublement de salon en bois sculpté et doré, de style Régence, et recouvert en satin vert olive broché à grosses fleurs en couleur. Il se compose de : un grand canapé, un petit canapé, une bergère et quatre grands fauteuils.

145 — Quatre chaises légères en bois sculpté et doré, de même style, couvertes en velours dit de Gênes, à fleurs et feuillages, grenat et vert sur fond jaune pâle.

146 — Deux fauteuils confortables couverts en velours de plusieurs couleurs sur fond maïs, avec pourtour drapé de satin cerise bordé de franges à grille multicolore.

147 — Canapé recouvert en velours, à dessin à relief sur fond maïs et garniture de large frange à houppes et glands.

148 — Canapé-causeuse, en noyer sculpté à rocaille avec rehauts d'or, recouvert en satin ponceau broché à gerbes de fleurs en couleur et garni d'une frange rouge à houppes multicolores.

149 — Chaise longue recouverte de satin fond havane, broché en soies de couleur, à décor de grosses fleurs; bourrelet en passementerie, bordé d'une large frange à houppes multicolores.

150 — Bergère en noyer sculpté, à rehauts d'or, style Louis XV, recouverte en velours dit de Gênes, à plusieurs tons sur fond blanc.

151 — Chauffeuse couverte en velours à plusieurs couleurs sur fond blanc, avec pourtour de satin capitonné et large frange de couleur.

152 — Confortable en satin noir, brodé de gerbes de fleurs en soies de couleur, frange assortie à torsade.

153 — Autre, en satin bronze, brodé à fleurs en soies de couleurs.

154 — Deux confortables recouverts en mosaïque de drap de Recht à décor de fleurs brodées au point de chaînette.

155 — Fauteuil crapaud en soie capitonnée à raies.

156 — Tabouret laqué noir et or, recouvert en étoffe rouge capitonnée.

157 — Chaises en acajou couvertes en cretonne.

## TENTURES

158 — Décor d'une grande baie, composé d'une large portière drapée et d'un rideau étroit, en velours dit de Gênes, à plusieurs couleurs sur fond jaune pâle, et en peluche vert émeraude avec franges, passementeries et câblés assortis. Dans le haut retombe un large lambrequin festonné en même velours.

159 — Trois garnitures de croisées avec lambrequins et deux portières en brocatelle ponceau et en satin broché à grosses fleurs en couleur sur fond vert olive. Franges et câblés assortis.

160 — Décor d'une large baie, composé d'une large portière et d'un rideau étroit en peluche grenat à reflets, avec bandes de satin broché à grosses fleurs, effilés et glands multicolores, câblés assortis et large lambrequin festonné en peluche de même ton, à décor de branches de fleurs, en broderie de soie.

161 — Deux garnitures de fenêtres, quatre rideaux et deux lambrequins en velours dit de Gênes et en peluche grenat, bordés de passements et de franges à torsades et glands, avec câblés assortis.

## TAPISSERIES ANCIENNES

162 — Belle tapisserie de l'époque Louis XIV, dans le style de Bérain, représentant des musiciens costumés à l'orien-

tale et dansant devant un portique décoré de vases de fleurs, de dais, de sphinx, de draperies et de cassolettes à parfums. Au-dessus de l'édicule, sont disposés des guirlandes, des festons de fleurs, des trophées d'instruments de musique, entremêlés d'oiseaux. Le fond de la tapisserie, de couleur havane, ressort sur une bordure de feuilles d'acanthe, à fond grenat.

## Tapisseries décorant les murs de l'escalier.

163 — Première suite, du rez-de-chaussée au premier étage, y compris le palier, composée de beaux panneaux flamands du XVIIe siècle, représentant de gracieuses compositions champêtres, à personnages de petites dimensions : marchands de fruits et de gibier, colporteur, cavaliers, chasseurs.

164 — Deuxième suite, du premier au deuxième étage grands panneaux verdures, avec animaux et oiseaux.

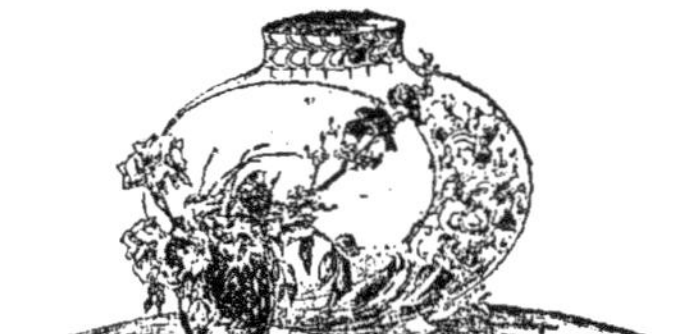

www.ingramcontent.com/pod-product-compliance
Ingram Content Group UK Ltd.
Pitfield, Milton Keynes, MK11 3LW, UK
UKHW032022260826
14628UKWH00006B/2669

9 782329 528816